Consejos para rematar mejor jugando al fútbol: Entrenamientos para mejorar tu fuerza de tiro y precisión

Chest Dugger

Tabla de contenidos

Tabla de contenidos 2

Regalo gratis incluido... 3

SOBRE EL AUTOR 4

DESCARGO DE RESPONSABILIDAD 6

Introducción 7

Consejos y ejercicios para mejorar los tiros libres.................... 13

Consejos y ejercicios para mejorar los tiros de esquina 27

Consejos y ejercicios para mejorar los penaltis 45

Consejos y ejercicios para mejorar la potencia de tiro 55

Consejos y ejercicios para mejorar la precisión de los disparos .. 68

Consejos y ejercicios para disparar el balón en movimiento 80

Conclusión 97

Regalo gratis incluido

Como parte de nuestra dedicación para ayudarte a tener éxito en tu carrera, te hemos enviado una hoja de ejercicios de fútbol gratis. Esta es la hoja de ejercicios "Hoja de trabajo de entrenamiento de fútbol". Es una lista de ejercicios que puedes usar para mejorar tu juego; así como una metodología para realizar un seguimiento de tu desempeño en estos ejercicios en el día a día. Queremos llevarte al siguiente nivel.

Haz clic en el siguiente enlace para obtener tu hoja de ejercicios gratis.

https://soccertrainingabiprod.gr8.com/

También puedes obtener este libro de forma gratuita como un audiolibro en Audible junto con una membresía gratuita de Audible de 1 mes. Solo tienes que inscribirte usando el siguiente enlace:

https://www.audible.com/pd/B07G24HPWN/?source_code=AUDFPWS0223189MWT-BK-ACX0-123516ef=acx_bty_BK_ACX0_123516_rh_us

SOBRE EL AUTOR

Chest Dugger es el seudónimo de nuestro equipo de entrenamiento de fútbol, Abiprod. Abiprod es un equipo de apasionados entrenadores profesionales y aficionados, con base en el Reino Unido y Australia. Puedes vernos en www.abiprod.com. Hemos sido fans del deporte rey durante décadas, entrenando a equipos junior y senior. Como todos los aficionados al fútbol en todo el mundo, vemos y jugamos al hermoso juego tanto como podemos. Por ser fanáticos del Manchester United, el Real Madrid, el Arsenal o el Galaxy de Los Ángeles, compartimos un amor común por el deporte rey.

A través de nuestras experiencias, hemos notado que hay muy poca información para el común de los fanáticos del fútbol que quiere elevar su juego al siguiente nivel. O hacer que sus hijos empiecen en el camino. Esto es especialmente cierto para los que viven fuera de Europa y América del Sur. El entrenamiento y la metodología del fútbol es bastante raro incluso en países ricos como EE. UU. y Australia.

Siendo apasionados por el juego, queremos hacer llegar el mensaje al mayor número de personas posible. A través de nuestro blog de entrenadores de fútbol, libros y productos, queremos traer lo mejor del entrenamiento de fútbol al mundo. Aunque estamos empezando en EE. UU. y Australia, cualquier persona apasionada por el hermoso juego puede usar nuestras tácticas y estrategias.

DESCARGO DE RESPONSABILIDAD

Copyright © Abhishek Kumar 2018

Todos los derechos reservados

Ninguna parte de este eBook puede transmitirse o reproducirse de ninguna forma, incluida la impresión, la electrónica, la fotocopia, el escaneo, la mecánica o la grabación sin el permiso previo por escrito del autor.

Si bien el autor ha hecho todo lo posible por garantizar la exactitud del contenido escrito, se aconseja a todos los lectores que sigan la información aquí mencionada bajo tu responsabilidad. El autor no se hace responsable de ningún daño personal o comercial causado por la información. Se alienta a todos los lectores a que busquen asesoramiento profesional cuando lo necesiten.

Introducción

Disparos - El momento clave en el fútbol

Si no disparas, no puedes anotar. Esa lección debe ser inculcada a los jugadores desde la primera vez que patean un balón de fútbol. Por supuesto, queremos que cada jugador desarrolle la conciencia de juego, para saber cuándo un pase es la mejor opción, pero si los jugadores se preocupan por las críticas si disparan y fallan, entonces estarán en un equipo que nunca marca. Y, por lo tanto, nunca gana.

El placer de golpear el balón limpiamente y enviarla volando hacia el fondo de la red es imposible de expresar con palabras. Basta con mirar a los profesionales cuando tienen éxito en su objetivo (y con su objetivo, por supuesto). La espectacular patada de tijera, el esfuerzo por encima de la cabeza, la ficha perfecta para el jugador, a su equipo y a cualquier multitud a un estado de euforia.

Igualmente importante, y a menudo igual de satisfactorio, es el acabado limpio y sencillo; la conciencia de estar en el lugar correcto, la velocidad de reacción cuando el balón sigue su camino y llega a su meta.

Si usted observa cualquier compilación general de videos en línea y la gran mayoría serán tomas - normalmente las que conducen a un objetivo. Este libro proporcionará una serie de ejercicios que ayudarán a los entrenadores y jugadores a convertirse en tiradores estrella, lo que conducirá a más goles, más victorias y una alegría aún mayor al jugar este juego tan hermoso.

Los ejercicios

Cada capítulo de este libro ofrece un conjunto de ejercicios claramente establecidos. Antes de eso hay un contexto para enfatizar la importancia de la habilidad de tiro bajo examen a medida que desarrollamos nuestras habilidades de fútbol. Dentro de cada ejercicio hay algunos consejos desde una perspectiva profesional para permitir que nuestro rodaje, o el de nuestro equipo, mejore.

Cada ejercicio se divide en aspectos que los entrenadores pueden entregar textualmente para ayudar a explicar el trabajo que los jugadores realizarán. El problema de muchos ejercicios de práctica de fútbol es que son inevitablemente complicados. El fútbol es un juego fluido, y aunque las habilidades pueden y deben ser divididas en sus partes componentes, solo en una situación realista pueden ser verdaderamente integradas.

Esto significa que comunicar los ejercicios, ya sea verbalmente o en diagramas, es un gran desafío. Los ejercicios de este libro se explican simplemente y el entrenador puede elegir para ponerlos en marcha y demostrarlos a través de cada elemento a sus jugadores.

Los ejercicios se dividen en varios aspectos.

- Calificación - Estos son etiquetados como fáciles, moderados o difíciles. Este grado se relaciona con la facilidad con la que el ejercicio. puede ser ejecutado.

- Nombramiento - Cada entrenador encontrará ejercicios que funcionen para bien o para mal con su conjunto de jugadores y para atender sus necesidades. Una vez establecido el ejercicio, el entrenador puede simplemente nombrarlo y sus jugadores pueden ponerse a trabajar sin necesidad de largas explicaciones (y pérdida de tiempo).

- Objetivo - Esta es la habilidad que el ejercicio está buscando desarrollar.

- Espacio requerido - Algunos ejercicios no necesitan más que un jugador y un balón - para algunos aspectos del fútbol, incluso el balón puede ser un extra opcional (aunque recomendamos que, cuando los recursos lo permitan, los jugadores hagan todos los elementos de entrenamiento con un balón de fútbol). Conociendo el espacio requerido, los entrenadores pueden planear múltiples ejercicios para aprovechar al máximo el espacio disponible.

- Número de jugadores involucrados - Este es el número mínimo de jugadores que se necesitan para ejecutar el ejercicio. Con la mayoría de estas prácticas, se puede aumentar el número, introducir rotaciones o emplear atacantes o defensores adicionales.

- Otros equipos - Una vez más, la simplicidad es todo cuando se trata de la configuración de los ejercicios. A menos que tengamos la suerte de tener asistentes para organizar las sesiones de práctica, normalmente somos solo nosotros, con tal vez un ayudante y los jugadores. El uso de equipos complejos y múltiples puede ralentizar el juego de los jugadores, reduciendo el tiempo que están realmente en el trabajo. Una excelente realización del ejercicio puede ser buena, pero si es simple, es probable que sea más efectiva. Por lo tanto, los recursos mínimos con los que se puede ejecutar el ejercicio se enumeran aquí.

- Roles de los jugadores, acciones de los jugadores y habilidades de los jugadores - Estas secciones dividen lo que cada jugador individual busca conseguir, y lo que realmente hace dentro del ejercicio. Estos elementos pueden ser leídos directamente a los jugadores o parafraseados por el entrenador.

- Organización - este elemento del ejercicio explica exactamente cómo el entrenador debe prepararlo y dejarlo funcionar.
- Desarrollo - algunos de los mejores ejercicios son los que empiezan de forma sencilla y, a medida que los jugadores entienden sus elementos, se desarrollan para abordar específicamente las necesidades de nuestro equipo.

Consejos y ejercicios para mejorar los tiros libres

Mire un juego profesional y la sensación de emoción al recibir un tiro libre ofensivo es palpable. Hay una cierta satisfacción estética que va más allá del puro partidismo al ver que el balón se desvía suavemente y sin esfuerzo por encima del arco, el arquero desesperado, pero finalmente inútil se zambulle por completo en la portería hasta que, un momento después, la red del arco se abomba.

El delantero se da la vuelta; todo su duro trabajo ha sido recompensado, y el momento de la adrenalina recorre su cuerpo hasta que son inundados por sus compañeros de equipo.

En realidad, marcar directamente de un tiro libre ocurre muy raramente; pero lo suficientemente a menudo como para que la habilidad sea importante de practicar. Un muy buen jugador puede ver una tasa de conversión de alrededor del diez por ciento, un típico especialista en tiros libres a la mitad de esto.

Esa cifra es bastante baja, pero no es algo que se pueda descartar totalmente. Equivale, en promedio, a un gol cada siete o diez partidos, ciertamente suficiente para justificar el tiempo que se pasa en el campo de práctica. Sin embargo, la verdadera importancia de los ejercicios de tiro libre se puede ver cuando se considera el panorama más amplio. La cifra del cinco al diez por ciento mencionada anteriormente es para los tiros libres que se anotan directamente. Muchos más vienen indirectamente de los tiros libres. Estos son los centros que se meten en el arco, los tiros desviados que caen a un delantero para un toque de balón, los penales que resultan de una defensa demasiado entusiasta, las segundas fases que se desarrollan como resultado de un tiro libre, como los siguientes tiros de esquina.

De hecho, un sorprendente treinta o cuarenta por ciento de los goles se anotan, la mayoría de las temporadas, en jugadas directas.

Ciertamente, esta cifra incluye los penaltis (que tienen el mayor índice de conversión), los tiros de esquina y los lanzamientos - consideraremos todos estos que incluyen los tiros más adelante en el libro - pero las habilidades de un buen lanzamiento de tiros libres son extremadamente transferibles a otras situaciones de balón muerto.

Hoy en día, los tiros libres defensivos suelen ser ejecutados por el arquero o, en su defecto, por un mediocentro. Los viejos tiempos de tirar el balón hacia adelante para ver qué pasa están, afortunadamente, desapareciendo (del juego profesional por lo menos). El enfoque hoy en día es más en mantener la posesión. Sin embargo, el balón largo ocasional no hace daño, porque plantea diferentes problemas a los defensores. Los segundos tipos de tiros libres son los que se conceden en la parte central del campo. Una vez más, las patadas cortas rápidas se consideran hoy en día las más efectivas, ya que retienen la posesión a menudo en un punto en el que la organización defensiva está mal.

A continuación, los terceros tiros libres ofensivos que, si se realizan desde posiciones amplias, suelen dar lugar a un balón jugado en el área penal para un intento de cabeceo o, si es central, un tiro a puerta. Estas son las patadas en las que estamos más interesados. Se recomienda que en cada equipo haya un mínimo de tres especialistas en tiros libres, con hasta la mitad del equipo capaz de proporcionar algunos elementos de variedad. Un pie izquierdo y uno derecho son clave, ya que esto cubrirá ambos lados del campo y también proporcionará al arquero cierta incertidumbre sobre la dirección probable del próximo disparo. Un jugador de reserva es también una opción fuerte.

Ejercicio número uno - Fácil

Nombre del ejercicio: La práctica hace la perfección.

Objetivo del ejercicio: Para mejorar la precisión con los tiros libres.

Espacio requerido: La tercera parte de un lanzamiento.

Número de jugadores involucrados (se pueden usar múltiples espacios para grupos más grandes): De un jugador.

Otros recursos: Pared portátil o, como alternativa, un juego de tres conos. Balones.

Roles y acciones de los jugadores involucrados:

- *Jugador Uno:* El tirador. Deben perfeccionar una técnica logrando tres patadas exitosas seguidas.
- El arquero, que entra una vez que el ejercicio se ha practicado sin oposición.

Habilidades clave del jugador involucrado: Para golpear el balón con poder y precisión. Para controlar la cantidad de giro y desvío que se le da al balón.

- *Jugador Uno:*

- El jugador se acerca al balón con una velocidad ligeramente inclinada.
- Se aseguran de que su pie que no patea se encuentre firmemente al costado del balón a una distancia que hace que un golpe del pie que patea sea cómodo.
- Se concentran en el balón - ¡el arquero no se mueve!
- Golpea el balón con la cabeza hacia adelante para que su peso sobre el balón (pero no demasiado lejos, o se equilibrará demasiado) y los brazos hacia fuera para el equilibrio lateral.
- Los jugadores golpean el balón con la parte interior del dedo gordo al frente del empeine, apuntando hacia la esquina opuesta. Deben levantar el balón por encima de la pared, pero con suficiente poder para que el balón sobrepase la altura de los jugadores que estarían allí en un partido, pero no

tan fuerte como para que el balón vuele por encima de la barra.

- Los jugadores deben tratar de poner rapidez en el balón, lo que impartirá un giro y ayudará a llevar el balón hacia adentro y hacia abajo después de su trayectoria inicial. Para lograrlo, el entrenador debe comprobar que los jugadores están siguiendo correctamente.

Organización del simulacro: Los tiros libres deben ser tomados desde todos los ángulos. Comienza a 20 metros de la meta, con el balón hacia el ángulo del área penal. Coloque tres conos, o la pared portátil, a diez yardas del punto de tiro libre con el cono exterior en una línea directa entre el poste cercano y el balón. Coloque los otros conos aproximadamente a medio metro de distancia para representar a los jugadores en la pared.

Los jugadores apuntan a golpear tres buenos tiros libres seguidos. Cuando han logrado esto, lanzan un tiro libre desde una posición de cinco metros hacia el centro del campo, y así sucesivamente. Cuanto más recto sea el tiro libre, más recto deberían estar los jugadores.

Varios jugadores pueden participar en el simulacro, rotando posiciones y giros para los tiros libres.

Desarrollo: Después de un tiempo, se puede introducir un arquero, lo que animará al lanzador de tiros libres a poner más potencia en sus tiros y a apuntar más a los rincones de la meta.

Ejercicio número dos - Moderado

Nombre del ejercicio: Cambiar el ángulo

Objetivo del ejercicio: Cambiar ligeramente el ángulo de un tiro libre para que la pared sea menos efectiva.

Espacio requerido: La tercera parte del campo.

Número de jugadores involucrados (se pueden usar múltiples espacios para grupos más grandes): Dos.

Otros recursos: Pared o conos portátiles.

Roles y acciones de los jugadores involucrados:

- *Jugador Uno*: Este jugador juega un pase corto a su compañero de equipo, y luego corre a disparar desde el nuevo ángulo del balón.
- *Jugador Dos: Detiene* el balón en seco.

Habilidades clave del jugador involucrado:

- *Jugador Uno: Dispara* con potencia, desvío y precisión.
- *Jugador Dos:* Controla el balón, moviéndose rápidamente para permitir al Jugador uno completar su tiro.

Organización del simulacro: Los tiros libres se pueden lanzar desde cualquier posición a lo largo del área penal. El jugador uno se pone de pie junto al balón y golpea un pase corto, de dos metros, al jugador dos. El balón se detiene muerto, y el jugador uno continúa su movimiento avanzando sobre el balón y golpeándolo con firmeza. Debido a que la carrera es menor que con un tiro directo tradicional, no es posible impartir tanta potencia, por lo que la precisión se vuelve aún más importante.

Desarrollo: Primero se puede añadir un arquero. A continuación, se puede añadir un " defensa". Este jugador se coloca junto a la pared y tiene la responsabilidad de realizar el tiro desde la nueva posición del balón.

Ejercicio número tres - Difícil

Nombre del ejercicio: Tiro libre central

Objetivo del ejercicio: Para lograr un tiro a puerta desde una posición central, utilizando otros miembros del equipo para distraer la pared y oscurecer la vista del arquero.

Espacio requerido: La tercera parte del campo.

Número de jugadores involucrados (se pueden usar múltiples espacios para grupos más grandes): De cinco.

Otros recursos: Pared portátil, conos o jugadores contrarios para representar una pared. (Nota: los conos solo deben utilizarse como último recurso, ya que una parte del objetivo es oscurecer la vista del arquero, lo que un cono no hará).

Roles y acciones de los jugadores involucrados:

- *Jugador Uno:* El lanzador de tiros libres.
- *Jugador dos:* El final del hombre de la pared.
- *Jugadores tres y cuatro:* Bloqueadores

- *Jugador cinco:* Arquero.

Habilidades clave del jugador involucrado:

- *Jugador Uno:* Para lograr un tiro preciso que pase por la pared lo más cerca posible del espacio dejado por el jugador dos. El tiro debe ser golpeado con potencia y desvío, golpeando el balón con la parte interior de los dedos de los pies y azotando a través del balón para impartir ese desvío.
- Este jugador está en el borde interior de la pared. Su objetivo es despegarse en los últimos minutos, teniendo cuidado de no salir de fuera de juego, dejando así al arquero sin ver, pero con un hueco por el que golpear el tiro. El jugador dos se lanza hacia la meta para perseguir cualquier rebote. El jugador dos corre una fina línea entre el juego limpio y el juego sucio. Deberá tener contacto hombro a hombro con el miembro más interno de la pared. Su despegue debe ser inicialmente hacia adentro para apretar la pared y dejar un espacio ligeramente más

grande para que el tiro pase. Sin embargo, no puede hacer una falta a los jugadores del muro.

- *Jugadores tres y cuatro:* El objetivo de estos jugadores es bloquear la vista del arquero. Están muy juntos a unos tres metros delante del balón. En el último minuto se despegan para permitir que el disparo pase por donde ellos habrían estado parados. Después de que se han alejado, ellos también corren hacia la meta en busca del balón.

- *Jugador cinco:* Arquero.

Organización del simulacro: Los tiros libres se practican desde veinticinco metros de la meta (una distancia adecuadamente reducida para los equipos juveniles). Se toman dentro del ancho de la D en el borde de dieciocho yardas. Los jugadores dos, tres y cuatro se alejan en el último minuto dando al arquero y a la pared la oportunidad más corta posible de ver la dirección en la que viaja el balón.

Desarrollo: El jugador uno busca golpear el balón con mayor poder y desviar. Aquí, el balón se coloca con cuidado con la válvula de aire de cara al delantero. La válvula está en ángulo ligeramente por encima del suelo. La carrera hacia arriba es un poco más recta que para un tiro libre clásico; el balón se golpea firmemente en la válvula con un seguimiento completo. El balón es dirigido hacia arriba y sobre el arco, con el jugador dos, situado directamente frente a la pared en lugar de a un lado. La intención es que el balón se levante con fuerza y caiga con el giro superior impartido. Al golpear en la zona dura que rodea la válvula, el balón es probable que vuele de forma impredecible, haciendo difícil la parada para el guardameta.

Consejos y ejercicios para mejorar los tiros de esquina

La multitud ruge. El árbitro ha visto la más débil de las desviaciones. Esquina dada. Si alguna vez hubo entusiasmo o miedo fuera de lugar por parte de una multitud, es ahora. La probabilidad de anotar desde una esquina es en realidad muy baja. En promedio, los equipos son premiados entre cinco y seis esquinas por juego. En el fútbol profesional, hay un ligero pero significativo sesgo hacia los tiros de esquina que se conceden al equipo local.

Eso puede ser porque el equipo local típicamente tiene más presión, o puede ser debido a la presión psicológica del árbitro para otorgar los tiros de esquina al equipo local en respuesta a los cánticos de la multitud. En el juego aficionado, eso, por supuesto, es un factor mucho menor.

Sin embargo, la tasa de conversión para las esquinas es sorprendentemente baja. Normalmente solo un poco más del 2% de los saques de esquina dan lugar a goles; de hecho, la cifra ofensiva no es significativamente mayor que el número de goles recibidos en los descansos después de perder la posesión. Con las mitades centrales clave a menudo levantadas para los saques de esquina (estos jugadores tienden a ser grandes y buenos en el aire) y los equipos de hoy en día se centran en los descansos rápidos después de la transición en la posesión, tiene sentido utilizar algún tiempo de entrenamiento trabajando en los ataques de los saques de esquina del oponente, así como solo defenderlos.

Así que puede haber un promedio de solo un gol cada cincuenta esquinas recibidas, esto se traduce en un gol cada diez juegos más o menos, y eso es algo en lo que se puede gastar justificadamente el tiempo para aumentar las posibilidades de un gol. Además, convertirse en un equipo especializado en los tiros de esquina puede llevar a un número mucho mayor de oportunidades creadas. Los mejores equipos de "balón muerto" del fútbol profesional anotan hasta un ocho por ciento de sus goles de esta fuente (aunque la cifra puede ser sesgada si sus estadísticas generales de goles anotados son bajas) y eso se relaciona con un gol cada dos o tres partidos - claramente algo que vale la pena mejorar.

En los próximos ejercicios, veremos cuatro tipos de tiros de esquina: el *in swinger* (el balón se mueve hacia el arquero), el out swinger (el balón se aleja del arquero), saque de esquina (short corner) y el *break aways* de los tiros de esquina defensivos.

Ejercicio número uno - Fácil

Nombre del ejercicio: Out swinging Corner (a veces los entrenadores son reacios a usar esta esquina, sintiendo que es probable que una esquina oscilante produzca mejores resultados. Sin embargo, las estadísticas sugieren lo contrario; aunque un buen giro de esquina es más peligroso, también es más fácil de defenderse si el tiro cae, aunque sea ligeramente lejos de la perfección).

Objetivo del ejercicio: Realizar un tiro de esquina para alcanzar la altura de la cabeza en un cuadrado que caiga entre el punto de penalización y el borde del área de seis yardas, corriendo hasta justo más allá del poste lejano.

Espacio requerido: O una boca de gol, o 4 x 2 cuadrículas de 10m.

Número de jugadores involucrados (se pueden usar múltiples espacios para grupos más grandes): Dos.

Otros recursos: Balones, conos para marcar una cuadrícula del "objetivo".

Roles y acciones de los jugadores involucrados:

- Posicionarse en el saque de esquina

- *Jugador Dos (entrenador)*: Se coloca en la zona para atrapar el balón y dar una indicación de la altura a la que el balón está entrando en la zona de destino.

Habilidades clave del jugador involucrado:

- *Jugador Uno:* Para golpear el balón en la zona del objetivo. Estas habilidades deben ser progresivas.
    - En primer lugar, simplemente se puede golpear un pase largo y elevado, desde la esquina derecha se debe golpear el balón con el pie derecho y viceversa desde la izquierda.
    - Una vez que la travesía del balón sea entregada con la altura correcta al menos el sesenta por ciento del tiempo, el jugador entonces buscará golpear una vez más el balón de una forma más plana. Esto tendrá más potencia, haciendo más difícil la defensa.

- La trayectoria hacia arriba es un poco más larga, y el balón se golpea con el interior de los dedos del pie en lugar del empeine.
- Finalmente, el swing se añade golpeando el balón con una acción de látigo del pie y golpeando el balón ligeramente más arriba y hacia el exterior.

Organización del simulacro: Simplemente practica tomando las esquinas, ya sea en el campo o en un espacio marcado equivalente.

Desarrollo: La incorporación de un arquero animará al receptor a mejorar la precisión y la velocidad. El ángulo de giro perfecto saca al arquero de su línea, pero se balancea demasiado para permitirle despejar o atrapar el balón.

Ejercicio número dos - Difícil

Nombre del ejercicio: Swinging Corner. Es posible practicar en las esquinas oscilantes adaptando el ejercicio de arriba. Aquí hay un ejercicio más complejo que asume un grado de precisión del que toma el tiro de esquina.

Objetivo del ejercicio: Realizar un tiro de esquina que resulte un intento de gol.

Espacio requerido: Área Chica (Goalmouth) del banderín del corner.

Número de jugadores involucrados (se pueden usar múltiples espacios para grupos más grandes): Diez.

Otros recursos: Balones.

Roles y acciones de los jugadores involucrados: Los jugadores del uno al cinco son ofensivos, del seis al diez son defensivos.

- *Jugador Uno:* Se sitúa en el corner.
- *Jugador Dos: The Flick On.* Este jugador ataca justo afuera del poste cercano con el objetivo de golpear el balón para los corredores.

- *Jugador tres:* Defensa. Este jugador está cerca del arquero, lo que le dificulta despejar o atrapar el balón.
- *Jugadores cuatro y cinco:* Los atacantes. Estos jugadores corren, uno de ellos detiene el balón que despeja a los dos primeros jugadores, uno al lejano para el *flick ons*.
- *Jugador Seis:* Protector del primer palo. Este jugador busca cortar el corner. Está parado afuera del poste más cercano.
- *Jugador Siete:* El Protector. Este jugador busca proteger al arquero del defensa, dándole espacio para atacar el balón.
- *Jugadores Ocho y Nueve:* Los marcadores. Pueden ser zonales o de hombre a hombre.
- *Jugador diez:* Arquero.

Habilidades clave del jugador involucrado (defensa):

- *Jugador Uno:*
  - Golpea el balón con el pie izquierdo desde la derecha, y el pie derecho desde la izquierda. El

jugador debe golpear el balón con firmeza, para entregar un pase directo, rápido y en movimiento.
- El jugador que está en el corner debe ser capaz de desarrollar consistencia y ser capaz de entregar tres tipos de tiro de esquina con precisión.
    - El *flick on* (a menudo el bloqueador defensivo involuntariamente golpeará este balón).
    - Un segundo derecho encima del arquero.
    - La tercera alternativa se juega un poco más profundo.
    - Una vez que se desarrolla la consistencia, se pueden crear señales para que los atacantes sepan cuándo y dónde cronometrar sus carreras.

- *Jugador Dos:*
    - Corre al poste cercano.

- o Apunta a golpear el balón con la parte superior de la cabeza o lanza un cabezazo en ángulo hacia la meta.

- *Jugador tres:*
  - o Se coloca cerca del arquero bloqueando su llegada hacia el balón.
  - o Está atento a las faltas del arquero.
  - o Tiene buenas reacciones a los rebotes.

- *Jugadores cuatro y cinco:*
  - o Corre de manera adecuada.
  - o Dirige el balón con fuerza y precisión, usando el ritmo y la dirección que ya tiene el balón para generar ritmo. Aquí, la habilidad de correr y cabecear, y golpear el balón con la cabeza son habilidades clave.

Organización del ejercicio: Se colocan una serie de balones para varios tiros de esquinas. Los jugadores defensivos se preparan, y los atacantes comienzan desde más profundo (excepto la defensa) y corren hacia el balón, en primer lugar, dan pase al jugador cronometrando su carrera para llegar al final del cruce.

Desarrollo: Se pueden añadir jugadores adicionales para que el simulacro se parezca más a una situación de juego.

Ejercicio número tres - Moderado

Nombre del ejercicio: Short Corner

Objetivo del ejercicio: Para crear una situación 2 vs 1 que permita un cruce desde una posición más de ataque.

Espacio requerido: Un extremo del campo.

Número de jugadores involucrados (se pueden usar múltiples espacios para grupos más grandes): Tres.

Otros recursos: Balones.

Roles y acciones de los jugadores involucrados:

- *Jugador uno*: toma la esquina corta, rodando aproximadamente siete yardas en un ángulo de 45 grados hacia un compañero de equipo que se aproxima. El jugador uno entonces corre a unos 30 grados más allá para recibir un pase a una posición más peligrosa para que le permitirá cruzar o tirar el balón.

- *Empieza a dar la vuelta al cono* y corre hacia el banderín de la esquina para recibir el pase. Si no está bajo presión, el jugador se gira y conduce hacia la meta para entregar un centro o un tiro, si está bajo presión, deja el balón fuera y delante de la carrera del jugador uno.

- *Jugador tres:* La defensa se mueve para cerrar la carrera del jugador dos, o rastrea al jugador uno.

Habilidades clave del jugador involucrado:

- *Jugador Uno:* Debe ser capaz de entregar un pase firme a lo largo del suelo y ser competente para realizar un primer cruce al correr en un ángulo alejado de la portería.

- *Jugador Dos: Necesita* tomar una buena decisión en cuanto a si es mejor pasar o cruzar, y también debe ser capaz de entregar un cruce o un tiro con precisión.

Organización del simulacro: Cuando el que toma la esquina corre hacia arriba, el jugador dos comienza su carrera, corriendo, para recibir el pase corto. El defensor elige la mejor opción en cuanto a qué hacer. Cuando funciona, un corner corto es imparable porque siempre hay un jugador de repuesto.

Desarrollo: Cuando se organizan alineaciones defensivas, los córners cortos no suelen ser posibles, porque el equipo defensor enviará a un segundo jugador; si el equipo con el corner pierde entonces la posesión, entonces es vulnerable a un descanso (ver más abajo). Sin embargo, el mismo hecho de sacar a un jugador del área de ambos equipos crea más espacio, mejorando así las posibilidades de un cabezazo a gol en el área de penalti. Por lo tanto, el simulacro puede ser practicado con números crecientes - 4 v 4, 5 v 5 etc.

Ejercicio número cuatro - Difícil

Nombre del ejercicio: Explotar (Break out). No es estrictamente un ejercicio de tiro, aunque con suerte uno que termine con un disparo. Este es un ejercicio de todo un equipo en el que cada jugador adopta el papel más apropiado para su posición.

Objetivo del ejercicio: Romper con la velocidad y terminar con un disparo.

Espacio requerido: Lanzamiento completo.

Número de jugadores involucrados (se pueden usar múltiples espacios para grupos más grandes): Dos equipos.

Otros recursos: Balones, camisetas de entrenamiento.

Roles y acciones de los jugadores involucrados:

- *Jugador Uno:* Realiza el ataque simulando un golpe de cabeza con un lanzamiento.
- *Jugador Dos:* Recibe el balón y parte con velocidad.
- *Jugadores de tres a cinco:* Estos jugadores sirven de apoyo, dos a los extremos y uno ligeramente más lejos en caso de que se termine el descanso, dejando al equipo vulnerable a un contraataque.
- *Jugador Seis:* Busca correr más allá del que tiene el balón para recibir el último balón de paso, o realiza un pase a uno de los jugadores nombrados anteriormente.
- *El resto del equipo:* Corren, pero mantienen su forma defensiva en caso de que el ataque no pueda continuar.

Habilidades clave del jugador involucrado:

- *Todos los jugadores:* La toma de decisiones. Un descanso funciona cuando los jugadores toman buenas decisiones sobre cuándo pasar, cuándo correr, cuándo cubrir y cuándo defender.

Organización del ejercicio: El ejercicio comienza con un "despeje defensivo" (el lanzamiento para simular un cabezazo defensivo). Los jugadores se paran, mientras que el equipo defensor busca reorganizarse, habiendo desplazado a muchos jugadores a su córner. Después de cada práctica, el entrenador llama al equipo para analizar lo que ha sucedido.

Desarrollo: El descanso puede comenzar de diferentes maneras, por ejemplo, un córner corto interceptado o un pase lateral. El uso de video para grabar el ejercicio puede ayudar en el análisis posterior.

Un breve mensaje del autor:

Hola, ¿estás disfrutando del libro? ¡Me encantaría saber tus opiniones!

Muchos lectores no saben lo difícil que es conseguir críticas y lo mucho que ayudan a un autor.

Estaría increíblemente agradecido si pudieras tomarte solo 60 segundos para escribir una breve reseña en Amazon, ¡aunque solo sean unas pocas frases!

Por favor, ingresa a la página del producto y deje una reseña como se muestra a continuación.

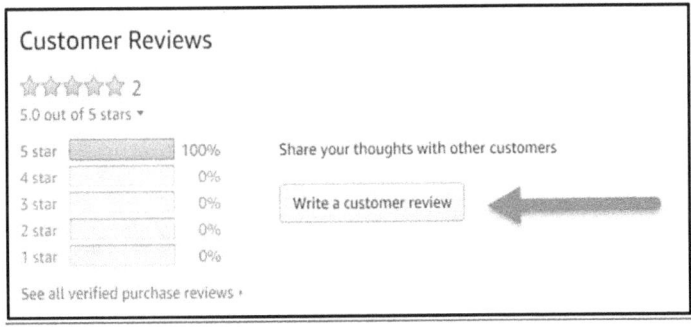

¡Gracias por tomarte el tiempo de compartir tus opiniones!

Tu revisión hará una diferencia genuina para mí y ayudará a ganar exposición para mi trabajo.

Consejos y ejercicios para mejorar los penaltis

¿Qué es lo que hace a un buen tirador de penales? La cuestión es mucho más compleja que para cualquier otro papel en el parque de juegos. Considerar un penal es una de las pocas situaciones en las que se espera un éxito, pero la jugada está aliada con el tiempo para pensar. No hay nada de espontáneo en tomar un castigo. Esperamos que un arquero atrape un tiro cuando no está bajo presión. Esperamos que un defensor haga un pase de diez metros a un compañero de equipo cuando no está siendo cerrado. Pero estas son, hasta cierto punto, acciones intuitivas, hechas tanto por hábito como por consideración.

Una penal es diferente. Casi todos los equipos (profesionales y aficionados) presionarán a un árbitro después de haber concedido un penal. No es que esperen que se cambie la decisión. Eso casi nunca sucederá (aunque la introducción de VAR - Árbitro Asistente Virtual - podría cambiar esto en la medida en que la mayoría de las decisiones penales serán objeto de análisis. Este sistema, sin embargo, tardará un tiempo en filtrarse desde las grandes ligas, y con toda probabilidad nunca alcanzará los niveles de aficionado en los que la mayoría de nosotros jugamos o entrenamos). No, cuando un grupo de jugadores rodea a un árbitro, están actuando con astucia. Están tratando de presionar al jugador que ejecuta el penalti, dándole más tiempo para pensar en el acto que está a punto de realizar.

El castigo debe ser una de las pocas actividades no solo en el fútbol o en el deporte, sino en la vida en general, donde cuanto más tiempo tenga una persona para considerar sus opciones, menos probabilidades tendrá de tener éxito. Por supuesto, la presión se acumula en el arquero también, pero no se espera que hagan una pausa al partido. Se espera que el delantero anote, y esa expectativa puede significar mucho.

Por lo tanto, el lanzador de penaltis de un equipo no solo necesita tener una técnica excelente, habilidades que resistan la presión de un tiro potencialmente ganador o un juego salvador, sino debe tener también la fortaleza como el personaje principal.

Cada vez más, en el fútbol de competición, entran en juego los tiros de penalti. Por lo tanto, no basta con que un equipo tenga solo uno o dos lanzadores competentes, sino seis o siete - lo ideal es que cada miembro del equipo, incluido el arquero, sea capaz de lanzar un penal con confianza.

En los viejos tiempos, los entrenadores pasaban poco, y a menudo no, tiempo en los penales. Ahora nosotros, como entrenadores, sabemos que, si bien no podemos reproducir la presión de una situación de penal, podemos entrenar la técnica para que ésta se convierta en una segunda naturaleza y, por lo tanto, es más probable que resista las tensiones de la ocasión.

Los penaltis juegan un papel importante en el éxito de un equipo a lo largo de la temporada. Ocurren desproporcionadamente en partidos apretados. Esto es porque, cuando un juego está en la balanza, los jugadores tienen una motivación extra para crear oportunidades y anotar. Al mismo tiempo, los jugadores defensivos están más comprometidos con el desafío. Y los penales ocurren con sorprendente frecuencia, típicamente un equipo recibirá uno cada seis o siete partidos, y los penales marcados pueden representar a menudo el diez por ciento o más de la cuenta de un equipo a lo largo de una temporada. Parece que los jugadores de fútbol se están volviendo un poco menos buenos en los penales. Al examinar las estadísticas de la Premier League inglesa, el éxito de los penales ha disminuido de alrededor del noventa por ciento a principios del milenio a poco más del setenta por ciento en la actualidad. Esto se debe en parte a los recursos adicionales de que disponen los arqueros profesionales para ayudarles a analizar dónde les gusta lanzar los penales. Esto, a su vez, ha añadido presión a los jugadores para que encuentren las esquinas más a menudo (aumentando las posibilidades de un fallo total) y para que prueben diferentes posiciones para sus tiros, lo que significa utilizar menos su lugar favorito. Aunque esto se refleja mucho menos en el juego de los aficionados, sin embargo, lo que se usa profesionalmente tiende a filtrarse hasta el fútbol de los domingos por la mañana.

Todo esto se combina para hacer que la importancia de la práctica sea más importante que nunca.

Ejercicio número uno - Fácil

Nombre del ejercicio: Precisión del penal

Objetivo del ejercicio: Para realizar los penales a puntos específicos de la meta.

Espacio requerido: Suficiente para un punto de penalti y un gol.

Número de jugadores involucrados (se pueden usar múltiples espacios para grupos más grandes): Uno.

Otros recursos: Objetivos (pueden ser aros, flotadores de poliestireno, incluso papel). Muchos equipos de fútbol en línea ofrecen redes de objetivos que se adaptan a un objetivo. Son caras y pueden ser fácilmente replicadas por el ingenioso entrenador, pero si se dispone de fondos, pueden ser un complemento útil para los recursos del entrenador.

Roles y acciones de los jugadores involucrados:

- *Jugador uno:* realiza un penal con el objetivo de dar en el blanco.

Habilidades clave del jugador involucrado: Para golpear el balón con una fuerza y precisión razonables. Para una mayor precisión, el balón debe ser golpeada firmemente con el empeine.

Organización del simulacro: La meta está colgada con blancos en la esquina cuatro. El objetivo es que el penalista dé en el blanco. Un penalti perfecto no se puede parar, y por lo tanto no hay necesidad de un arquero.

Desarrollo: Al tratar de aumentar la presión el ejercicio gana más de una situación de partido. Anota cada objetivo con un número diferente de puntos. Hacer los objetivos más grandes, con un área central que lleve más puntos, hacer una competición, introducir vendas en los ojos.

Ejercicio número dos - Fácil

Nombre del ejercicio: Corre mirando hacia arriba

Objetivo del ejercicio: Hay dos elementos en un penalti: el delantero y el arquero. El objetivo es que el delantero use sus ojos y disfrazar su carrera para engañar al guardián y enviarlo por el camino equivocado.

Espacio requerido: Punto del penal y gol.

Número de jugadores involucrados (se pueden usar múltiples espacios para grupos más grandes): Dos.

Otros recursos: Balones.

Roles y acciones de los jugadores involucrados:

- *Jugador Uno:* Intenta engañar al arquero.
- *Jugador Dos:* Arquero.

Habilidades clave del jugador involucrado:

- *Jugador Uno:* No debe permitir que sus propios intentos de engaño afecten a su propia velocidad y precisión de tiro, ya que el penalti perfecto marcará lo que haga el arquero. Las habilidades que se deben practicar son:
    - Usar los ojos para echar un vistazo a la esquina opuesta a la que el jugador está disparando.

- Hacer una pausa en la carrera para intentar que el arquero haga el primer movimiento, y luego golpear el balón hacia el otro lado.
- Realizar una pausa en la carrera en el último momento antes de lanzar el balón directamente sobre el espacio donde el arquero se encuentre parado.

Organización del ejercicio: El ejercicio es simplemente una serie de penales para probar lo anterior. La retroalimentación del arquero ayudará al delantero a evaluar la eficacia de sus intentos de engaño. Vale la pena cambiar de arquero regularmente, ya que de otra manera se acostumbrarán al estilo de su compañero de equipo. Esto puede reducir el realismo, ya que el arquero contrario no tendría este conocimiento (excepto en los niveles más altos del juego profesional). Un arquero que sabe dónde le gusta a un delantero realizar su disparo estará más atento a menudo; si esto ocurre en la práctica, la confianza del lanzador de penaltis puede verse afectada. Y la confianza es muy importante cuando se trata de sanciones.

Desarrollo: Intenta introducir un elemento de presión, como en el taladro de arriba.

Consejos y ejercicios para mejorar la potencia de tiro

¿Qué se necesita para marcar un gol? Hay que realizar un buen disparo del balón. Debe haber un poco de suerte, o una excelente jugada del equipo ofensivo (o, por supuesto, un error defensivo). Debe haber precisión, y con cualquier tipo de disparo a larga distancia debe haber potencia.

El exjugador internacional alemán y maestro del mediocampo Mesut Özil marcó recientemente un gol que desafía y apoya la declaración anterior. Su club, el Arsenal FC, se enfrentó al Newcastle United en la Premier League inglesa. El Arsenal hizo una ruptura ofensiva en el lado izquierdo del campo. El mediocampista galés Aaron Ramsey llegó a la línea de banda y tiró el balón hacia atrás. El delantero centro del equipo se lanzó al toque a doce metros, de espaldas a la portería. Se giró y disparó con fuerza. Es poco probable que el arquero haya ahorrado su esfuerzo, pero afortunadamente para Newcastle, tuvieron una serie de jugadores en defensa que bloquearon el tiro y el rebote cayó sobre Ozil, que estaba al borde del área.

Demostró un pensamiento increíblemente rápido, decidió que era probable que se bloqueara un tiro completo y, en su lugar, pasó el balón con precisión a la red. Pero, debido a que la única ruta clara estaba cerca del arquero, necesitaba impartir suficiente fuerza para golpear al arquero a su lado.

También podemos aprender observando a otros jugadores, como el portugués Cristiano Ronaldo, el ganador del Balón de Oro, que conduce el balón con una inmensa potencia y es capaz de impartir un enorme desvío en sus disparos. Tal vez el mejor gol de la reciente Copa del Mundo lo marcó el francés Benjamin Pavard contra Argentina. El defensor conduce el balón, en la volea, con una potencia increíble, enviándolo a través de la portería y a la esquina lejana, dejando al guardameta contrario sin ninguna posibilidad.

Su técnica es asombrosa, permitiéndole impartir tanto poder como control. Para la mayoría de los jugadores, incluso los profesionales, intentar ese tiro resultaría en una reducción de la potencia, ofreciendo al arquero una buena oportunidad de salvarlo, o un esfuerzo de esquí que se adentraría mucho en las gradas. Nuevamente, practicar es lo que permite a estos jugadores, los verdaderos maestros del deporte, tener éxito con esfuerzos tan extravagantes.

El tiro más rápido registrado en juego abierto fue en 1996, y fue cronometrado en el viaje a 114 millas por hora. El tiro fue una volea de un delantero de la Premier League inglesa, David Hirst, que jugó unas cuantas veces en el ámbito internacional y tuvo una larga y exitosa carrera en el ahora poco elegante equipo de los miércoles de Sheffield. Su disparo fue una volea, con la que se conectó maravillosamente, y su esfuerzo se estrelló contra el bar.

El gol más rápido registrado fue un tiro libre de otro jugador menos famoso internacionalmente, Ronny Heberson, cuyo tiro viajó a la asombrosa velocidad de 131 millas por hora. No es sorprendente que el arquero no se haya movido. El esfuerzo de Ronny llegó en 2006, cuando jugaba en el equipo portugués, Sporting de Lisboa. Esos extremos pueden estar más allá de nosotros, pero disparar con potencia (mientras se mantenga la precisión) aumenta nuestras posibilidades de éxito.

Los ejercicios y consejos a continuación ayudarán a los jugadores a controlar sus tiros y también a ofrecer la suficiente potencia para aumentar las posibilidades de anotar con tiros tanto de juego abierto como de situaciones de bola muerta.

Ejercicio número uno - Moderado

Nombre del ejercicio: Disparos

Objetivo del ejercicio: Generar energía en un primer disparo.

Espacio requerido: Media cancha o 3 x 4 cuadrículas de 10m con un arco en un extremo.

Número de jugadores involucrados (se pueden usar múltiples espacios para grupos más grandes): Tres.

Otros recursos: Arco, conos, balones.

Roles y acciones de los jugadores involucrados:

- *Jugador Uno: Rebotar* el balón hacia el jugador tres, realizar un pase, y correr hacia la portería.
- *Jugador Dos*: Corre en línea recta antes de separarse, corre hacia un pase y dispara.
- *Jugador Tres (entrenador):* Recibe el primer pase y deja el balón en diagonal.

Habilidades clave del jugador involucrado:

- *Jugador Uno:*
    - Rebota el balón a una velocidad moderada.
    - Realiza un pase corto y preciso.
- *Jugador Dos:*
    - Dispara con potencia.
    - Corre hacia el balón.
    - Realiza una maniobra con su cuerpo para llegar a una posición correcta, disparando con un giro completo de la pierna y, golpeando el balón con precisión.

Organización del simulacro: Se hace una fila de conos, dos jugadores corren cinco metros hacia cada bandera de esquina. El jugador uno regatea el balón en el campo, da un pase al jugador tres (que está de pie, de espaldas a la portería, al final del campo) y luego continúa su carrera. El jugador dos sigue antes de romper a la izquierda o a la derecha, usando los conos angulares como guía, y disparando el balón. El jugador tres hace el pase diagonal que lleva al tiro. Anima al jugador uno a que corra por los rebotes.

Desarrollo: La introducción de un arquero hace que el ejercicio sea más realista. Además, un defensor puede comenzar en el punto de penalización, e intentar cerrar al tirador.

Ejercicio número dos - Moderado

Nombre del ejercicio: Disparo de poder.

Objetivo del ejercicio: Para disparar a la vista y con poder.

Espacio requerido: Cuadrículas de 9 x 10 m, en una formación de 3 x 3, con un objetivo en cada extremo.

Número de jugadores involucrados (se pueden usar múltiples espacios para grupos más grandes): Diez.

Otros recursos: Muchos balones, goles, camisetas de entrenamiento, conos para marcar la línea de medio camino.

Roles y acciones de los jugadores involucrados (cada equipo tiene los mismos roles a desempeñar):

- *Jugador Uno:* Arquero - Actúa como un arquero y también comienza cada movimiento con un pase o un lanzamiento.
- *Jugadores dos a cuatro:* Tiradores. Estos jugadores buscan ponerse en posición de tiro y hacer un disparo con potencia; solo se les permite realizarlo desde la mitad campo, así que los tiros necesitarán potencia para anotar.
- *Jugador cinco:* Delantero. El delantero lleva una camiseta. Sólo puede jugar en el campo contrario y está atento a los tiros de rebote. El balón no puede ser pasado a él.

Habilidades clave del jugador involucrado:

- *Jugador Uno:*
  - Comienza con un pase rápido o lanzando el balón a un jugador en el espacio.
- *Jugadores dos a cuatro:*
  - Capaz de pasar el balón con precisión, y delante de un compañero de equipo.
  - Movimiento para estar en posición de recibir un pase.
  - El primer toque para crear la oportunidad de un tiro.
  - Habilidad para disparar con potencia, golpeando el balón con precisión.
  - Dirige el balón para conseguir el peso detrás del balón y mantenerlo bajo, conduciendo el balón de una manera adecuada.
- *Jugador cinco:*
  - Habilidad para detectar dónde podría terminar un rebote.

- Habilidad para hacer un tiro rápido en la mira.
- Capacidad de tomar una decisión sobre el mejor tipo de tiro, por ejemplo, tiro de pase con el empeine o un tiro de potencia.

Organización del ejercicio: El arquero empieza con el balón. Se lo deja a un compañero de equipo, que busca disparar o pasar a un jugador en su mitad que tiene más espacio. Se hace un disparo, buscando tanto la potencia como la precisión. Si hay un rebote, el delantero intenta anotar. Si el arquero lo guarda, reinicia el simulacro para su equipo. Si el arquero lo salva, reinicia el ejercicio para su equipo. Si el tiro falla, un nuevo balón comienza con el guardameta defensor para ejecutar el ejercicio de nuevo. Este debería ser un simulacro de acción rápida, con disparos que llegan rápidamente y sin pausas.

Desarrollo: El ejercicio puede hacerse más difícil con la imposición de un número máximo de pases permitidos antes de un tiro, digamos dos.

O se puede poner un límite de tiempo - por ejemplo, diez segundos - antes de que se deba hacer un disparo.

Ejercicio número tres - Fácil

Nombre del ejercicio: Técnica

Objetivo del ejercicio: Para permitir a un entrenador examinar el tiro de un jugador para la técnica de potencia.

Espacio requerido: Un tercio de un lanzamiento.

Número de jugadores involucrados (se pueden usar múltiples espacios para grupos más grandes): Uno más el entrenador.

Otros recursos: Balones, Arco.

Roles y acciones de los jugadores involucrados:

- *Jugador Uno:* Dispara.

Habilidades clave del jugador involucrado:

- *Jugador Uno:* La técnica de un buen golpe de potencia:
    o Una carrera recta;
    o Brazos fuera para el equilibrio;
    o Peso hacia adelante y sobre el balón (asegúrate de que la cabeza esté quieta para permitirlo);
    o Golpear el balón con los cordones;
    o Seguir dominando el balón de esa manera;
    o Pie sin patadas plantado a un lado y hacia la parte trasera del balón para permitir un swing completo y sin complicaciones;
    o Brazos extendidos para el equilibrio.

Organización del ejercicio: Los balones se colocan aproximadamente a veinte metros de la meta. Los tiradores golpean el balón, por primera vez con fuerza. Se puede utilizar un arquero para hacer la situación más realista. El objetivo es conseguir la técnica perfecta para que pueda ser utilizada cuando el balón se mueve, o el jugador está bajo presión.

Desarrollo: Introducir un balón que se mueva lateralmente.

Consejos y ejercicios para mejorar la precisión de los disparos

Hemos hablado mucho hasta ahora sobre disparar con confianza. Con razón, es esencial que los jugadores estén preparados para fallar cuando disparen. Es la naturaleza de los jugadores de fútbol que siempre pensarán que están en la mejor posición cuando un compañero de equipo "tiene un disparo ". Pero los jugadores deben afrontar el conocimiento de que no anotarán más a menudo de lo que hacen cuando rebota el balón en el arco.

El poder, la confianza y la intuición no son suficientes por sí solos para convertirse en un goleador efectivo. La precisión es vital. Un gol tiene una altura de ocho pies por ocho yardas de ancho; la mayoría de los arqueros tienden a ser altos; la altura es un atributo físico que tiende a verlos colocados entre los postes en primer lugar. Y de nuevo, todos, excepto los más inexpertos, combinarán la conciencia innata con el entrenamiento para aprender a cerrar los ángulos y estrechar las partes de la meta que dejan expuestas. Un delantero tiene que ser preciso para convertir sus oportunidades de tiro en esos momentos maravillosos que ganan partidos.

Por supuesto, los jugadores (especialmente los más jóvenes) disfrutan de la sensación de una explosión que irrumpe en el fondo de la red como un fuego artificial que emite chispas de gloria. Pero el poder viene por la precisión que es una ocupación inútil ya que sin precisión no hay posibilidad de marcar; un tiro al blanco siempre tiene la oportunidad de llevar a un gol.

Un buen ejemplo de ello es el gol en la temporada 2017-2018 del delantero egipcio Mo Salah. Jugando para el Liverpool FC, su club, contra el líder de la liga, el Manchester City (un equipo que se ahoga en el dinero de Oriente Medio y que por lo tanto puede permitirse comprar a cualquier jugador preparado para jugar en ese país) marcó un gol de una precisión admirable. Aún más impresionante fue que el gol se anotó bajo una presión considerable, tanto en términos de que fue cerrado físicamente por el rival de la camiseta azul como por la tensión psicológica de saber que era una oportunidad de anotar en un juego extremadamente apretado.

El arquero, Ederson, golpea ligeramente mal un despeje desde el borde de su propia área penal y el balón es interceptado por Salah cerca de la línea media. Es un despeje firme, con una ligera inclinación, pero el primer toque del delantero pone el balón bajo control y lo pone en posición de golpear un tiro, incluso desde la línea media, con su segundo. Levanta el balón a la mitad del campo sobre el arquero varado y, con un rebote, en el fondo de la red. El tiro se juega a velocidad, ya que los defensores del Manchester City se acercan a él rápidamente.

Es una meta maravillosa, del tipo que deja un momentáneo silencio entre la multitud antes de que estallen en una exuberante alegría.

La precisión se basa en la técnica. Se trata de golpear el balón con la parte correcta del pie. Golpear a través del balón para inducir un corte, o acariciar el balón para que se curve. Requiere que el balón sea golpeado en el punto exacto. Por ejemplo, muchos jugadores colocan el balón para un tiro libre con mucho cuidado. A menudo, desean posicionarlo de manera que el duro entorno de la entrada de aire esté en su lugar para ser golpeado. Golpea el balón aquí con suficiente potencia, y se desviará impredeciblemente en ambos sentidos, haciendo que el tiro sea más difícil de salvar para el arquero. Golpea el balón en un punto demasiado bajo, y se levantará; demasiado alto y la potencia se dirige al suelo a través del balón.

Lo más importante en la técnica requerida para impartir la precisión es la posición del cuerpo del atacante al disparar. La cabeza debe estar en su lugar para asegurarse de que el peso del jugador está en la posición correcta; el pie que no patea debe estar perfectamente colocado para permitir un giro completo pero controlado del pie que golpea. Crucialmente, los brazos del delantero necesitan proporcionar equilibrio para asegurar que su cuerpo esté en completo control en el punto de contacto.

Cada uno de estos elementos puede ser dividido para aumentar la precisión de las habilidades de disparo. Este capítulo ofrecerá ejercicios para lograrlo.

Ejercicio número uno - Fácil

Nombre del ejercicio: Técnica Perfecta - Práctica de objetivos

Objetivo del ejercicio: Para mejorar la precisión del disparo.

Espacio requerido: Área de penales.

Número de jugadores involucrados (se pueden usar múltiples espacios para grupos más grandes): Dos.

Otros recursos: Balón, porterías, postes, etc. para los objetivos.

Roles y acciones de los jugadores involucrados:

- Disparar con precisión.
- *Pase* para tiros con un balón en movimiento.

Habilidades clave del jugador involucrado:

- *Jugador Uno: Dispara* con el enfoque en la precisión. Los disparos pueden ser progresivos, comenzando con tiros de "pase" con el pie lateral, que son más fáciles, pasando a los golpes con los cordones. Los balones pueden ser estacionarias, y luego se convierten en balones móviles.
- *Pase* con precisión desde diferentes posiciones.

Organización del ejercicio: Se colocan cuatro postes en la meta, haciendo (con los postes de la meta) cuatro objetivos. Uno se coloca a un metro de cada esquina, los otros dos un metro más adentro. Inicialmente, el delantero comienza con un balón parado. Su objetivo es anotar en los cuatro objetivos entre los puestos. Una vez que tiene éxito, el jugador uno pasa a golpear una bola en movimiento que le pasa el jugador dos.

Desarrollo: La adición de un defensor para cerrar el delantero, y un arquero hace que el ejercicio sea más realista para la situación del juego.

Ejercicio número dos - Moderado

Nombre del ejercicio: Pequeños objetivos

Objetivo del ejercicio: Disparar con precisión bajo presión a un pequeño objetivo.

Espacio requerido: Una cuadrícula de 15 x 15 metros.

Número de jugadores involucrados (se pueden usar múltiples espacios para grupos más grandes): Ocho

Otros recursos: Cuatro porterías pequeñas, u ocho conos. Camisetas de entrenamiento y balones.

Roles y acciones de los jugadores involucrados: Cada jugador busca alcanzar el balón y disparar a una meta mientras está bajo presión.

Habilidades clave del jugador involucrado:

- Los jugadores son exigentes para ganar el balón.
- Disparar con velocidad y precisión.
- Disparar bajo presión, por lo que retienen al oponente para que la práctica sea más realista para un partido adecuado.

Organización del simulacro:

- Los jugadores se ponen en parejas (Pareja Uno, Pareja Dos, etc.)

- Los cuatro arcos, de un metro de ancho, se colocan en el centro de la cancha, uno frente a cada esquina. Hay una brecha de un metro entre los objetivos.
- Los jugadores se paran en el exterior de la cancha. Se les permite elegir su posición de partida
- El entrenador llama a un número y lanza un balón al arco.
- Los dos jugadores compiten por el balón con el objetivo de anotar en uno de los pequeños arcos.

Desarrollo: Este ejercicio puede convertirse en una práctica de dos contra dos jugando un par contra otro, por ejemplo, el entrenador dice: "Pareja Uno contra Pareja Tres".

Ejercicio número tres - Difícil

Nombre del ejercicio: Derribar el cono - este ejercicio es muy popular entre los jugadores más jóvenes. Puede tomar un tiempo de preparación, pero una vez que el grupo se familiariza con el ejercicio, los jugadores pueden prepararlo en muy poco tiempo.

Objetivo del ejercicio: Para mejorar la precisión de tiro al derribar los objetivos.

Espacio requerido: Una zona de 20m x 20m. O un área de penales en un campo.

Número de jugadores involucrados (se pueden usar múltiples espacios para grupos más grandes): 8 en dos equipos de cuatro.

Otros recursos: Balones, chalecos de entrenamiento, obstáculos. Los arcos pueden ser tan simples como conos altos, o botellas de plástico parcialmente llenas de agua para el peso. Los banderines de esquina en los stands se pueden usar con un cartón resistente o un cuadrado de madera ligera colgado en la parte superior. Se pueden usar muñones de grillos, bolsas de equipo y las formas de los cuerpos. Es posible comprar hojas de blanco circulares para colgarlas en un objetivo. Todo lo anterior puede ser adaptado y utilizado.

Pequeños conos para marcar una "zona de exclusión".

Roles y acciones de los jugadores involucrados:

Cada equipo busca derribar los obstáculos de sus oponentes.

Habilidades clave del jugador involucrado:

- Disparar con precisión para dar un blanco pequeño.
- Disparar con suficiente potencia para derribar el objetivo.
- Disparar bajo presión.

Organización del simulacro: Cinco obstáculos están alineados uno frente al otro en los extremos del campo. Se marca una zona de exclusión, a cinco metros de cada grupo de obstáculos, a la que ningún jugador puede entrar. Dos equipos de cuatro disparan para derribar los objetivos. Los obstáculos representan metas, así que el simulacro funciona como un juego de lados pequeños. No hay arqueros. Una vez que un objetivo es derribado, queda "fuera". El primer equipo en derribar cada obstáculo es el ganador.

Desarrollo: Los disparos pueden ser usados para reemplazar la situación del partido. La zona de exclusión puede hacerse más pequeña para dificultar el rodaje. Los obstáculos de diferentes dimensiones pueden ser usados para fomentar diferentes tipos de disparos. Se puede permitir que un atacante entre en cada zona de exclusión, con un primer disparo o una limitación de toque en su juego. Esto anima a los equipos a trabajar duro en su juego de construcción. Los objetivos se pueden establecer alrededor de los cuatro bordes del campo, con los atacantes contra las defensas. Los obstáculos pueden ser entremezclados y codificados por colores para hacer el disparo aún más preciso (derribar tu propio objetivo es un autogol).

Consejos y ejercicios para disparar el balón en movimiento

Hay pocas cosas en el fútbol que sean más emocionantes que ver a un jugador colocar el balón para un tiro libre, observar el muro defensivo y la posición del arquero contrario, correr y golpear el balón para que vuele, con una curva viciosa, hacia el fondo de la red.

Poco seguro, pero hay algo que ofrece una emoción aún mayor tanto a los fans como a los participantes. Y eso es ver a un jugador hacer un primer tiro en un balón en movimiento. Utilizando el impulso de la esfera para obtener una potencia extra, se puede impartir un corte o una curva; el elemento de sorpresa es mayor y el placer que experimenta un delantero al saber que ha dado un gran golpe es indescriptible en su brillantez. Cuando se golpea el balón por primera vez con el cronómetro hay una ingravidez, una falta de resistencia que se transmite a través del pie, luego la pierna y finalmente todo el cuerpo y le dice al jugador que ha acertado. A menudo, su próximo objetivo es un arquero que está preparado y sabe que la red del arco se abulta cuando el balón la golpea.

Lo más agradable para el público, y el jugador, es verlos correr a paso ligero antes de lanzar un gran tiro, tal vez abriendo su cuerpo para enviar el balón girando y curvándose hacia la esquina lejana. O regatear el balón antes de soltar un pase magníficamente disfrazado que deja al arquero con los pies planos en la desesperación.

Se pueden ver tantos grandes goles; el brasileño Romario irrumpe más allá de la defensa para lanzar un primer disparo desde treinta yardas sobre el arraigado guardameta; Radamel Falcao conduce a paso ligero hacia el área. Mientras las defensas y el arquero tratan de cerrar el rayo que está a punto de lanzar, produce la más delicada de las fichas. Es una maravilla para contemplar. O ver videos del dínamo del mediocampo inglés, ahora retirado, Paul Scholes jugando para el

Manchester United en su mejor momento. Un gol lo ve conducir por primera vez un cabezazo que se le ha echado encima. El tiro, desde treinta y cinco yardas, vuela hacia la red... pero aún más interesante es ver la posición de su cuerpo, totalmente compacto y equilibrado en el punto de impacto, y ponerse en esa forma justo antes de golpear el balón.

Quizás el mejor gol de todos haya sido en la final de la Liga de Campeones Europea en 2018. El delantero de Gales y del Real Madrid, Gareth Bale, está de espaldas a la portería cuando se le cruza un balón. Se levanta, y con una técnica perfecta lanza el balón con potencia y precisión al fondo de la red. Una patada aérea de magnífica calidad. La combinación de disparos tempranos, sorpresa, precisión y potencia significa que el arquero del Liverpool no tiene ninguna posibilidad. Es un objetivo que vale la pena ver en un video para aquellos que no lo han visto.

Taladro número uno - Fácil

Nombre del ejercicio: Disparo con rapidez

Objetivo del ejercicio: Para posicionar el balón mientras rebota en una posición para disparar.

Espacio requerido: 3 x 10m metro cuadrado, de punta a punta.

Número de jugadores involucrados (se pueden usar múltiples espacios para grupos más grandes): Dos.

Otros recursos: Conos, balones.

Roles y acciones de los jugadores involucrados:

- *Jugador Uno:* Tirador.
- *Jugador Dos:* Arquero.

Habilidades clave del jugador involucrado:

- *Jugador Uno*
    - Regatear a ritmo con el balón empujado con ambos pies.
    - El penúltimo toque lleva el balón a un ligero ángulo para permitir el tiro.
    - La técnica de disparo se mantiene a pesar de que se mueve a un ritmo. Los brazos para el equilibrio, la cabeza quieta. Si está bajo presión, un brazo fuerte para evitar que el defensor saque al delantero del equilibrio.

Organización del simulacro: **Poner un obstáculo en un extremo del campo, los jugadores empiezan desde el otro extremo. Driblea a paso por la primera zona, al llegar a la línea que comienza la zona del medio, cambia el balón alrededor de cuarenta y cinco grados hacia el lado del disparo. Acelera en la posición, coloca el pie sin disparar firmemente, y golpea el balón con el pie. Gire los brazos y las caderas para asegurarse de que la cabeza se encuentre enfocada en la meta, pero también en línea con el resto del cuerpo.

Desarrollo: Se puede añadir una defensa para presionar al atacante. Se pueden utilizar diferentes posiciones de los conos para hacer más difícil el regate, por ejemplo, un cambio de dirección para que el ritmo baje y el golpe tenga que ser más con la parte interior de los dedos del pie. Esto le dará un giro al balón.

Ejercicio número dos - Fácil

Nombre del ejercicio: Correr hacia el balón para disparar

Objetivo del ejercicio: Para impartir potencia y precisión en un primer tiro (incluyendo una volea) con un balón en movimiento.

Espacio requerido: La tercera parte de un campo o espacio equivalente con mallas.

Número de jugadores involucrados (se pueden usar múltiples espacios para grupos más grandes): Cuatro

Otros recursos: Balones, chalecos de entrenamiento.

Roles y acciones de los jugadores involucrados:

- *Jugador Uno:* Tirador.
- *Jugador Dos: Defen*sa.
- *Jugador tres:* Lanzador o alimentador.
- *Jugador cuatro:* Arquero.

Habilidades clave del jugador involucrado:

- *Jugador Uno:*
  - Corre hacia el balón.
  - Mantiene el cuerpo recto y la cabeza sobre el balón
  - Realizar el tiro con los pies.

- Apuntar el balón hacia el corner.
  - Para la volea:
  - Usen los brazos, la cabeza y los pies para ponerse en posición con el cuerpo firme y recto.
  - Mira el balón en el pie.
  - Golpea suavemente a través del balón; la potencia proviene de la bola en movimiento, por lo que no hay necesidad de golpear el balón con fuerza.

- La defensa busca salir y bloquear el tiro. Debería conducir el balón con los pies, manteniéndose a ras del suelo. Sin embargo, ten cuidado de no ir completamente rápido. Esto puede llevar a una falta (y potencialmente a un penal) sobre el oponente, o si (en un partido) deciden no disparar, la defensa queda entonces fuera del juego.

- *Jugador tres:* El pase debe ser preciso y jugado a lo largo del terreno. Si se está practicando una volea, es mejor lanzar el balón por debajo del brazo para mayor precisión.

Organización del simulacro: La organización básica es la misma tanto si se practica el tiro como la volea. Con la volea, el balón llega al tirador en el aire, o rebotando. (Nota: un golpe que se da *cuando* el balón rebota se llama media volea). El jugador tres juega un pase en el lateral a 20 metros de la meta. El delantero avanza para disparar por primera vez (se pueden utilizar diferentes posiciones desde las que se produce el disparo). El defensor comienza a mitad de camino entre la meta y la posición de tiro, e intenta cerrar y bloquear el tiro.

Desarrollo: Anime al delantero a probar diferentes tipos de tiros: un pase con el pie izquierdo hacia la meta (preciso, pero sin ritmo); un golpe (una habilidad difícil con un balón que se mueve lateralmente), un tiro con el exterior del pie (difícil de controlar, pero muy eficaz si se golpea correctamente ya que el balón se curvará considerablemente) y así sucesivamente.

Ejercicio número tres - Moderado

Nombre del ejercicio: Tijera y patada de arriba

Objetivo del ejercicio: Para desarrollar el control corporal para golpear una tijera o una patada por encima de la cabeza con precisión. A los niños, en particular, les encantan estos ejercicios.

Espacio requerido: Una zona de 10 x 10 m con un arco en un extremo.

Número de jugadores involucrados (se pueden usar múltiples espacios para grupos más grandes): Dos.

Otros recursos: Balones.

Roles y acciones de los jugadores involucrados:

- *Jugador Uno:* Tirador
- *Jugador Dos: Lanzador* – lanza los balones con los brazos, ya que es más preciso que lanzarlos con los pies.

Habilidades clave del jugador involucrado:

- *Jugador Uno:*
  - Patada de tijera
    - Equilibrio.
    - Cuerpo en forma de espiral.
    - La cabeza quieta y los ojos en el balón.
  - Patada aérea...
    - Mirando el balón en el pie.
    - Manteniendo el cuerpo lo más alineado posible consigo mismo, es decir, una línea recta entre la cabeza y los pies.
    - Concentración en la técnica más que en la potencia.

Organización del simulacro:

- Para la patada de tijera:

- El lanzador está a 10 metros del lado del Jugador uno.
- El jugador uno está a 10 metros de la meta.
- El jugador uno se pone de pie con el pecho en el alimentador.
- Cuando el balón entra, coloca sus brazos para permitir que la parte superior de su cuerpo se retuerza en un movimiento en forma de espiral.
- Al mismo tiempo, levanta y balancea su pie, y permite pasar al balón que se cruzará delante de su pie.
- Golpea el balón con los cordones.
- El jugador uno debe concentrarse en mirar el balón en su pie, y girar con un movimiento suave. Todo el poder viene de la rotación, así que no hay necesidad de buscar golpear la bola con fuerza.

- Para la patada aérea - practicar en terreno blando (nota: este ejercicio funciona mejor si el balón se autoalimenta inicialmente para desarrollar la técnica correcta):
    - Lanza el balón al aire.
    - Ponga los brazos en posición de equilibrio.
    - Levante el pie pata en el aire.
    - Mantenga la cabeza tan quieta como sea posible, con los brazos proporcionando el mayor equilibrio posible.
    - Patea el balón con el objetivo de dirigirlo sobre la cabeza.
    - No hay necesidad de patear el balón con fuerza; haz que los jugadores se concentren en su punto de contacto y mantengan su cuerpo en una línea tan recta como sea posible.
    - Cae y gira en el suelo para evitar que caiga de espaldas, amortiguando la caída con los brazos.

Desarrollo: Cuidado con los ejercicios de estas habilidades ya que los pies por los aires y la introducción de un defensor puede ser peligrosa. Una vez que la patada aérea se domina con una autoalimentación, el jugador dos puede entregar el balón desde varios ángulos.

Ejercicio número cuatro - Moderado

Nombre del ejercicio: Uno contra uno.

Objetivo del ejercicio: Para anotar en una competencia de uno contra uno con el arquero.

Espacio requerido: 2 x 3 cuadrados de 10m con un arco en un extremo.

Número de jugadores involucrados (se pueden usar múltiples espacios para grupos más grandes): Tres

Otros recursos: Balones.

Roles y acciones de los jugadores involucrados:

- Busca marcar con un uno contra uno con el arquero.
- *Jugador Dos:* La defensa.
- *Jugador tres:* El arquero.

Habilidades clave del jugador involucrado:

- *Jugador Uno:*
    - Regatea con control y velocidad, usando los pies para mantener la máxima velocidad.
    - Usa el control y los trucos mientras se cierra el espacio hacia el arquero.
    - Usar los *step overs*, las caídas de hombro y así sucesivamente para regatear alrededor del arquero.
    - Use un tiro bajo, golpeado con el empeine para mayor precisión, para anotar.
        - Esta toma debería abrir el cuerpo inclinándose ligeramente si viene en ángulo.

- Se enrosca lejos del arquero, el empeine lleva el balón hacia atrás y hacia el segundo palo.
  - Usa un tiro bajo cerca del cuerpo del arquero.
    - Golpea con el empeine.
    - Golpea antes de que el guardián se haya establecido correctamente.
    - Apunte ya sea bajo el cuerpo del arquero, o al lado en el área entre una inmersión de longitud completa y una parada con los pies, ya que es lo más difícil para un arquero de alcanzar rápidamente.
  - Golpea al arquero mientras se extienden por el suelo.
    - Esto funciona mejor cuando se corre derecho.

- El atacante debe disfrazar su intento de gol con ir más despacio, utilice los ojos o finta para animar al guardián a lanzarse.
- Busca defender el tiro.

Organización del simulacro: El jugador uno comienza a 30 metros de la portería desde cualquier posición del campo. Deben regatear al arquero y usar uno de los métodos anteriores para anotar. El jugador dos comienza 10 metros más atrás y presiona al delantero sin estar lo suficientemente cerca para recuperarse, a menos que el jugador uno cometa un error. El arquero hace todo lo posible para salvar el tiro.

Desarrollo: La defensa puede empezar más cerca del jugador ofensivo.

Conclusión

Espero que este libro le haya ofrecido algunas ideas útiles. Tome estos ejercicios y adáptelos a las circunstancias de su equipo. Los mejores entrenadores tienen un suministro de prácticas que pueden llevar a cabo para atender cualquier necesidad que su equipo pueda desarrollar.

Las ideas presentadas en este libro son las que funcionarán si tú eres el entrenador del equipo de niños de nueve años de su hijo, un grupo de niños de doce años entusiastas, pero quizás no demasiado talentosos, un grupo de jugadores veteranos que se beneficiarán de una serie de nuevas ideas o de un equipo altamente capaz. Muchos de estos ejercicios están basados en los ejercicios utilizados en el juego profesional. Es adaptando los altos estándares de esos equipos que podemos mejorar nuestros propios equipos, o nuestro propio nivel de habilidades.

Hay muchos aspectos en el fútbol: táctica, formaciones, transición, ataque, defensa, pase. Pero al final del día, el fútbol se trata de la emoción de marcar goles, y eso no puede suceder si los jugadores no disparan. La alegría de un disparo perfectamente ejecutado, un tiro libre impulsado por una explosión de la red, un saque de esquina realizado en el fondo de la meta a través de un potente cabezazo, un tiro bien colocado en la esquina inferior. Esas son las cosas que dan vida a la multitud a nivel profesional, y dan ese estallido de adrenalina llena de alegría si somos Lionel Messi o Chuck Leballaway jugando en la competencia anual interdepartamental de su firma.

Nunca tengas miedo de disparar. Y siempre anima a tu equipo a hacerlo. Se cree que Pelé, el brasileño que probablemente fue el mayor exponente del fútbol que el mundo ha visto nunca, acuñó la frase "el deporte rey" para describir el fútbol. Un buen tiro hace que el ya atractivo deporte sea aún más atractivo. Cuanto mejor podamos disparar, mayor será el juego.

El final... ¡casi!

Las críticas no son fáciles de conseguir.

Como autor independiente con un pequeño presupuesto de marketing, confío en que los lectores, como tú, dejen una pequeña reseña en Amazon.

¡Incluso si es solo una o dos frases!

Así que, si te gustó el libro, por favor diríjase a la página del producto, y deje una reseña como se muestra a continuación.

Estoy muy agradecido por su reseña ya que realmente marca la diferencia.

Gracias de todo corazón por comprar este libro y leerlo hasta el final.